Golleniße Weitёdorp Ritznow Dalvitz Nikow Finken dael Volkestorp Demmin
Gribben Pleßentz Kotzeven Spores dorp Plutow Lunow Darbelade Berlin
Zabel Wardow Vitzkow Pannekow Kanten Glasow Zerkenow Dramvitz Sanskow Deven
Hog. Sprentz Sipsen Rensow Poggelow Bolg oelin Levin Vpost Rekenitz Zachrei Retznow Rentin
Cronscamp Wenstorp Bresen Pretberede Rammelin Old Kalen Grantzow Zetelvitz Hogen Butzow Prusen Perselin Lechin
Borrentin Lage Suetz Iamen Slakendorp Swasdorp Troblin Wagrun Schone Ofelde Verken Meskow Gnewikow Gramkёdorp Seltze
Simens Levikёdorp Parpe Iorriesdorp Sansdorp Schorżetin Warsow Gusow Mesiger Buggerow Coslin Gemikow Weltzin Caln Reberch Lowitz Sarnow
Koselow Luyßow Swisel Wostonfeld Levitzow Nien Kalen Swichtenberg Moltzaen Boldentin Torpin Prutze Landskrön Papenzin Robelow Zinzow Kummerow Putzar Smuggero
Cuse Peskendorp Crissow Temse Swetzin L. Mistow Wolkovitz Molt zow Lindeberg Hin Brixhagen Kißin Ramelow Glin Witftock Loitz
Sukow Glase Remmelin Crassow Dalkendorp Bukow Carlitz Cummerow Kemzolin Varenholt Gutzkow Lochentin Griskow Swanebёke Wentorp Swichtenberg Willershage
Drosse Sirsdorp Teskow Ponstorp Gultz Goltznow Malchin Haßeldorp Tutze Treptow Werder Brasevitz Friedland Kluckow Cotlin
Wotens Rachow Roge Pampow Rampin Scharpzow Grabow Ivenack Rekenitz Reinberg Brunnen Dalem Lubstorf
Waldshagen Granzow Misdorp borg seneflu Stavenhage Griskow Twidorp Iappezow Wolkow Neddemin Roge Cosebrome Gentzcouw Witёborn Galenbeke
Vitgist Kotel Teßenow Bristorp Dukow Pribbenow Clucksow Goeden Galenbeke Rodenhag Iaske Lehren Nion Ruthei Maftorp
Lubs Glasow Muggen Woker Carnstorp Schorzow Gultzow Iorriesdorp Rosenow Wolkow Roerborg Newerin Podewal Lipe Schönhuseh Clop
Vogelsang Woken Bars Damme Wargentin Gilow Rotmanshagen Sulte Bug gow Brisen Lobbin Staven Lindow Wosten Daber
Arёshagen Hintzenhagen Claber Helle Line Demps in Rutzenfelde Kiddendorp Cummёdorp Pinnow L. Helle Ilefeld Glineke Golm Tor Wist
Krakower see Lanthagen G. Grobe Lipen Grubenhagen Bambow Ridder mans hagen Bredenvelde Dud. Chalube Zifsow Warlin Glineke Baderfee
Sarraen Cloxin Suinekendorp Lipendorp Hungersdorp Tarnow Weitin Brode Rulow Koblanck Neitzke Hoitzendorp
Zidlitz Rehbergh Moltznow Levesdorp Lantze Deven Lupelow Swante Gr. Helle Niendorp Brandenborch Spolenholt Pragstorp Colpin Malsow
Dobbin Kile Lubendorp Vpperborch Boomgarte Schonen Gintz Varchow Wrodow Lapitz Buggerow Wolkenfin Quastenberg
Wangelin Lutkendörp Grabow Loesten Flotow Marin Paßentin Raneffeld Ranefeld Stargard Devitz Pasenow Gr. Daberkow
Paiow Hagenow Torgelow Krase Avegge Pentzlin Maßlin Crukow Wustrow Quastenberg Helpte
Rodewifche Loppin Iabel Viltz Slowe Molnhagen L. Nemerow Rove Zarpe Leppin Ballin Kobelke Reeberg Plate Mildenitz
Zarchlin Swerin Sparow Malchow Damerow Ellenborch Gr. Plaeften L. Plaeften Rumpshagen Luberow Old Rese Gr. Nemerow Lovitz Gramelow Woßow Woldeck
Plawershagen Lantze Waren Godow Dratow Klukow Wendorp Welmstorp Rese Crickow Ripke Petersdorp Cantzow Wolffshage
Malchow Peterstorp Cusserow Grubbenitz Clincke Cargow Niehoff Ancershage Piersdorp Zachow Vsadel Cammin Warbendorp Reeberg Hildebrantshage
Plawer See Greßow Lexow Rose Zinfin Swasdorp Specke Peccatel Prillevitz Poiske Hogenzier Ballevitz Bredenfelde Ioren Vogelsang
Bukow Sakow Hinrizberge Muritz lacus Daunebёke Cratzborch Kostal Blomholt Zirtze Blomenhagё Wanske Quaden Schone feld Krumbёe Stolpe
Plawe Swemmin Walow Ovaglunne Zyfow Zithow Böke Wotevitz Lacq Dalmstorp Lanckavel Planich Glambёke Sinow Turow Rodlin Golde baum
Parkow Rogetz Woltzegaern Stuer Minsow Robel Clobzow Qualtzow Zartevitz Babow Kakel dutte Weiftin Glineke Wossow
Gnewestorp Gantzkow Fonnichow Letzen Dambёke Nedebow Rechlin Schilllesdorp Roggentin
Retzkow Dasse Carchow

Hanne Bahra

WUNDERSCHÖNE

MECKLENBURGER

SEEN

»...ich habe vor, die Berliner Sommerfrischler auf dieses prächtige Stückchen Erde aufmerksam zu machen.
Die Müritz ist nämlich so was wie ein Meer, wie der Tanganjika-See.
Die Luft ist wundervoll; je nachdem der Wind steht: feuchte Seebrise oder Fichtenduft.«

Theodor Fontane (1819–1898)

Müritz bei Röbel
Müritz at Röbel / La Müritz près de Röbel

◀ DIE MÜRITZ ist ein beliebtes Wasserwandergebiet. Idyllische Ankerplätze wie hier bei Röbel am südwestlichen Ufer finden die Freizeitskipper überall.

The Müritz is a popular area for boat tours. Part-time skippers will have no trouble finding idyllic mooring spots.

La Müritz est un domaine apprécié pour les explorateurs des eaux. Les skippeurs amateurs trouvent des mouillages idylliques ici comme à Röbel, sur la rive sud-ouest.

◀ ◀ DIE MECKLENBURGISCHE SEENPLATTE zählt mehr als eintausend Seen. Zwischen ausgedehnten Wäldern, Wiesen und Auen Wasser, so weit das Auge reicht. Große und kleine Seen, Sölle, Bäche, Moore und Flüsse. Dieses Werk der Weichseleiszeit gehört zu den schönsten Landschaften Norddeutschlands.

The Mecklenburg Lake District encompasses over one thousand lakes. This creation of the Weichselian glacial period is among Northern Germany's most beautiful landscapes, and is today the center of tourism in the state of Mecklenburg-Vorpommern.

Le plateau des lacs du Mecklembourg compte plus de mille lacs. Entre des forêts, des prairies et des prés on trouve de l'eau à perte de vue. Des petits et grands lacs, des ruisseaux, des marécages et des fleuves. Cet ouvrage datant de la période glaciaire de la Vistule compte parmi les plus beaux paysages du Nord de l'Allemagne.

Inhalt

◁ Das Neue Tor auf der Ostseite der Wehranlage Neubrandenburgs stammt aus der 2. Hälfte des 15. Jahrhunderts und ist eines der schönsten Beispiele norddeutscher Backsteingotik.

The New Gate at the east of Neubrandenburg's fortifications dates from the second half of the 15th century, one of the finest examples of North German red-brick Gothic.

La Neue Tor (Nouvelle Porte) sur la partie est de l'installation militaire de Neubrandenbourg provient de la deuxième moitié du 15e siècle. Elle est un des plus beaux exemples de gothique de briques de l'Allemagne du Nord.

Mecklenburger Seen
Mecklenburg Lakes / Les lacs du Mecklembourg

Mehr als eintausend Seen und ein kleines Meer glitzern im Grün der mecklenburgischen Landschaft.
Morcze – Kleines Meer – so nannten die Slawen, die ab 650 dieses Gebiet besiedelten, die Müritz. Der größte Binnensee Deutschlands ist das Herzstück der Mecklenburgischen Seenplatte. Aber auch Flüsse und Kanäle durchziehen die weiten Wiesenlandschaften, bilden gemeinsam mit den Seen das größte zusammenhängende Wassersportgebiet Europas. Ein Eldorado für Wasserwanderer. Marinas, Sportboothäfen und Anleger sowie zahlreiche Liegeplätze bieten ideale Bedingungen für einen gelungenen Sommerurlaub. Vor allem auf den Oberen Seen der Müritz, dem Kölpin-, dem Fleesen- und dem Plauer See, tummeln sich die Urlauber. Jährlich schippern oder paddeln Tausende über die Seen – und verlieren sich auf den großen und kleinen, verwinkelten, hinter Wäldern und Hügeln versteckten, weitläufig untereinander

◁ DIE MÜRITZ bildet das Herzstück der Mecklenburgischen Seenplatte.
The Müritz, the heart of the Mecklenburg Lake District.
La Müritz constitue le cœur du plateau des lacs du Mecklembourg.

Amid the lush green of Mecklenburg's countryside, over one thousand lakes and a small sea sparkle.
Morcze – "Little Sea" – was the name given to Müritz Lake by the Slavs who settled in the region from the year 650. Germany's largest inland lake is the heart of the Mecklenburg Lake District. But rivers and canals also wind through the broad meadows, connecting the lakes to form Europe's largest continuous water sports area. In this paradise for sailing vacationers, marinas, harbors and quays and plentiful moorings offer ideal conditions for an unforgettable summer holiday. Visitors flock to the Upper Lakes in particular – the Müritz, Kölpinsee, Fleesensee and Plauer See. Every year they attract thousands of sailors or canoers exploring the extensive labyrinth of waters large and small, nestled behind forests and hills, where the only living being for miles around may be a gray heron in the reeds. Land and water merge in an ecstatic dream-like symbiosis. Villages, little country towns and princely residences fringe the banks; historic stately homes clustered in Kummerower See Nature Park and Mecklenburgische Schweiz or "Mecklenburg's Switzerland" invite visitors to tarry. To the west, the golden domes of the region's capital are reflected in Schweriner See.

Plus de mille lacs et une petite mer scintillent dans le vert du paysage mecklembourgeois. Morcze, – petite mer – c'est ainsi que les Slaves l'appelaient, qui ont occupé cette région à partir de 650, la Müritz. Le plus grand lac intérieur d'Allemagne est le cœur du plateau des lacs du Mecklembourg.
Mais des fleuves et des canaux traversent aussi les vastes prairies, constituent avec les lacs le plus grand domaine de sports nautiques en Europe. Un eldorado pour les touristes explorateurs des eaux. Des marinas, des ports pour bateaux de sport, des mouillages ainsi que de nombreux embarcadères offrent des conditions idéales pour des vacances estivales réussies. Surtout sur les bords de la Müritz, des lacs de Kölpin, Fleesen et de Plau, se pressent les vacanciers. Tous les ans, des milliers de touristes font de la voile ou pagaient sur les lacs – et se perdent sur les eaux qui communiquent entre elles sur de longues distances, cachées derrière de grandes et petites forêts et des collines encaissées. Là-bas, des heures durant, on ne voit pas d'autre âme qui vive que le héron parmi les roseaux. L'eau et la terre ne font qu'un et se mêlent dans une symbiose qui tient du rêve. Des villages ainsi que des petites villes-résidences et villes campagnardes bordent

verbunden Gewässern. Mitunter bekommt man stundenlang kein anderes Lebewesen als den Graureiher im Schilf zu sehen. In traumseliger Symbiose verschmelzen Land und Wasser. Dörfer sowie kleine Land- und Residenzstädte säumen die Ufer. Historische Herrenhäuser laden vor allem im Naturpark Kummerower See und Mecklenburgische Schweiz zum Verweilen ein. Die goldenen Kuppeln des Schlosses der Landeshautstadt Schwerin spiegeln sich im Westen des Landes im Schweriner See.

»Von allen Fenstern aus sehen wir Wasser, lebendiges Wasser, das Schönste auf Erden. Es blitzt zwischen den Wipfeln uralter Linden, es verliert sich in der Ferne, begleitet von schmächtigen Ellern; dickköpfige Weiden suchen es zu verstecken, hinter gelben und grünen Schilffeldern breitet es sich aus ...«, schrieb Hans Fallada in der Feldberger Seenlandschaft. Glasklare Seen verlocken aber nicht nur in dem 34 500 Hektar großen Naturpark Feldberger Seenland zum Schwimmen. Auch das Kleinseengebiet, das wohl wasserreichste Gebiet Mecklenburgs, südöstlich der Müritz, garantiert mit mehr als 360 Seen pures Badevergnügen. Wo viel Wasser ist, schwimmt auch viel Fisch. Mehr als 30 Fischarten gibt es in diesem Anglerparadies. Der Hecht ist der Herr der mecklenburgischen Gewässer,

"From every window we look out upon water, living water, the most beautiful thing on earth. It sparkles between the tops of ancient linden trees, disappears into the distance, accompanied by slim spindly alders; stubborn willows strive to conceal it, it extends behind yellow and green expanses of reeds ...," wrote Hans Fallada of the Feldberg Lake District. And not only the 34,500 hectares of Feldberg Lake District Nature Park can offer crystal lakes to entice swimmers. The Kleinseengebiet ("small lake district") south-east of the Müritz probably has the highest concentration of lakes in all of Mecklenburg – over 360 – and guarantees outstanding bathing pleasure. And where there's water, there are fish – over 30 species in this anglers' paradise. The pike is king in Mecklenburg's lakes, followed by perch and carp. However, not every lake is open to every would-be swimmer or angler. Nature conservation is a priority in Mecklenburg. The 117 lakes in Müritz National Park are reserved for the flora and fauna alone. Cranes nest at shallow Rederangsee, one of the largest lakes in the national park with an area of 200 hectares. Gray eagles hover high in the sky; ospreys circle their nests. Out of 53 pairs of ospreys in the Müritz region – in terms of area, the highest population density in Europe – 14 have made the National Park their

les rives. Des maisons patriciennes historiques invitent à s'arrêter surtout dans le parc naturel du Kummerower See et de la Suisse mecklembourgeoise. Les coupoles du château de la capitale du Land se reflètent à l'ouest du pays dans le Schweriner See.

« De toutes les fenêtres on peut voir de l'eau, de l'eau vivante, la plus belle du monde. Il y a des éclairs entre les pignes des tilleuls centenaires. On se perd dans le lointain, accompagné de minces aunes; d'épais saules tentent de se cacher. Le paysage s'étend à perte de vue derrière des champs de roseaux jaunes et verts... », écrivait Hans Fallada dans le paysage de Feldberg. Des lacs d'une eau transparente ne nous invitent pas seulement à nager dans les lacs de Feldberg situés dans le grand parc naturel de 34500 hectares. Le domaine des petits lacs qui est la région la plus riche du Mecklembourg au sud-est de la Müritz, garantit avec plus de 360 lacs les pures joies de la baignade. Où il y a beaucoup d'eau, il y a aussi beaucoup de poissons. On dénombre plus de 30 espèces de poissons dans ce paradis pour pêcheurs. Le brochet est le seigneur des eaux du Mecklembourg suivi de la perche et la carpe. Cependant, on ne peut pas ni s'y baigner ni y pêcher. La protection de la nature prend une importance

gefolgt von Barsch und Karpfen. Doch nicht überall darf man einfach ins Wasser springen oder die Angel auswerfen. Naturschutz wird in Mecklenburg großgeschrieben. Die 117 Seen im Müritz-Nationalpark sind für die Tier- und Pflanzenwelt reserviert. Im flachen Rederangsee, mit 200 Hektar einer der größten Seen des Nationalparks, rasten Kraniche. Seeadler schweben am Himmel, Fischadler kreisen über dem Nest. 14 Fischadlerpaare leben im Nationalpark und gar 53 im gesamten Landkreis Müritz. Der kann sich damit – bezogen auf die Fläche – der höchsten Brutdichte Europas rühmen. Viele gefährdete Tierarten, darunter der schillernde Eisvogel, finden in der dünn besiedelten Landschaft Mecklenburgs Quartier. In manchen Mooren blühen noch Knabenkraut und Sonnentau. In geschützten Landschaften, wie in der alten Kulturlandschaft des Naturparks Nossentiner-Schwinzer Heide nördlich der großen Seen oder im Biosphärenreservat Schaalsee, ganz im Westen des Landes, leben Mensch und Natur in Harmonie.

habitat. Indeed, Mecklenburg's sparsely populated expanses offer refuge to many endangered species including the shimmering kingfisher. Wild orchids and sundew still bloom on many areas of moorland, and in nature reserves like

the ancient cultivated region of Nossentiner-Schwinzer Heide Nature Park to the north of the main lakes or Schaalsee Biosphere Reserve in the far west, people and nature live in harmony.

toute particulière dans le Mecklembourg. Les 117 lacs du parc naturel de la Müritz sont réservés à la faune et à la flore. Des grues volent sur le lac plat du Rederangsee qui, avec ses 200 hectares, est l'un des plus grands lacs du parc national. Les orfraies planent dans le ciel, des couples de balbuzards tournoient au-dessus des nids. 14 couples de balbuzards vivent dans le parc national, et même 53 dans la région de la Müritz. Ce dernier peut s'enorgueillir d'être, en tenant compte de sa surface, la région de reproduction animale la plus dense d'Europe. De nombreuse espèces en voie de disparition parmi lesquelles le sémillant martin-pêcheur trouvent refuge dans le paysage peu peuplé du Mecklembourg. Dans les nombreux marais continuent de fleurir l'orchis et le rossolis. Dans les régions protégées, comme dans l'ancien parc naturel de la lande Nossentiner-Schwinzer au nord des grands lacs, ou bien dans la réserve de biosphère du Schallsee tout à l'ouest du pays, l'homme vit en harmonie avec la nature.

▷ **Petri Heil** – Mecklenburgs Seen sind ein Anglerparadies.

Tight lines – Mecklenburg's lakes are an angler's paradise.

Bonne pêche – Les lacs du Mecklembourg sont un paradis pour les pêcheurs.

Am Kleinen Meer
At the "Little Sea" / Sur la petite mer

◀ DIE »KÖNIGIN DER DEUTSCHEN SEEN« nannte die Müritz 1891 ein englischer Reisender. Sie ist 28 Kilometer lang, bis zu 13 Kilometer breit und maximal 30 Meter tief. Erfahrene Segler wissen, dass der See bei Nordostwind hohe Wellen schlagen kann.

"Queen of Germany's lakes" was the name given to the Müritz in 1891 by an English traveler. The lake is 28 kilometers long, up to 13 kilometers wide and no more than 30 meters deep. Experienced sailors know that north-easterly winds can whip up high waves.

La « reine des lacs allemands », c'est ainsi que nommait un voyageur anglais la Müritz. Elle est longue de 28 kilomètres, peut atteindre en largeur 13 kilomètres et a une profondeur maximale de 30 mètres. Les yachtmen expérimentés savent que le lac peut créer de très hautes vagues.

▶ SCHLOSS KLINK wurde 1898 im Stil der französischen Renaissance erbaut. Heute ist es eines der zahlreichen Schlosshotels Mecklenburgs.

Klink Castle was built in 1898 in the French Renaissance style. Today is it one of Mecklenburg's numerous castle hotels.

Le château Klink fut érigé en 1898 dans le style de la Renaissance française. Aujourd'hui c'est un des nombreux hôtels-châteaux du Mecklembourg.

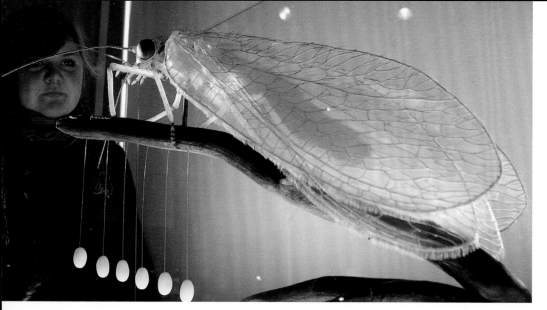

Müritzeum
At Müritzeum / Le Müritzeum

◀ DAS NATURERLEBNISZENTRUM IN WAREN gibt auf 2000 Quadratmetern ungewöhnliche Einblicke in die Natur der Region. Der Schwede Gert Windgårdh entwarf das mit Lärchenholz verkleidete Gebäude.

The Nature Discovery Center at Waren offers stunning insights into the region's natural life in over 2000 square meters of exhibition space. Swedish architect Gert Windgårdh designed the larchwood-clad building.

Le centre d'exploration de la nature à Waren propose sur 2000 mètres carrés des regards inhabituels dans la nature de la région. Le suédois Gert Windgårdh a conçu le bâtiment recouvert de bois de mélèze.

▷ HÖHEPUNKTE bilden ein über zwei Etagen hohes 100 000-Liter-Aquarium, in dem silbrige Maränen (unten links) ihre Bahnen ziehen und überlebensgroße künstliche Insekten.

Highlights include an aquarium over two storeys high with a capacity of 100,000 liters, in which silvery whitefish (below) glide, and larger-than-lifesize artificial insects.

Les curiosités constituent un aquarium haut de deux étages contenant 100000 litres dans lequel des marènes argentées (en bas à gauche) font leurs longueurs de bassin et des insectes artificiels.

Waren

At Waren / La ville de Waren

◀ **DIE MÜRITZ SAIL** ist ein fröhliches maritimes Fest mit Regatten, Drachenbootrennen, Wasserskivorführungen, Flottenparade und Festumzug. Leuchtender Abschluss ist ein Feuerwerk.

Müritz Sail is a fun maritime festival with regattas, dragon boat races, waterskiing displays, boat parade and procession, crowned with a grand firework display.

La Müritz Sail est une joyeuse fête sur l'eau avec des régates, des courses de bateaux-dragons, des démonstrations de ski nautique, des parades maritimes et un cortège festif. Un feu d'artifice met un point d'orgue lumineux à cette manifestation.

▶ **DER HAFEN VON WAREN** – über 200 Jahre alt und rekonstruiert – bildet den Rahmen für dieses Ereignis. Der mächtige Turm der Marienkirche grüßt schon von Weitem.

Waren harbor – reconstructed and originally over 200 years old – is the setting for the event. The mighty tower of St. Mary's Church welcomes visitors from afar.

Le port de Waren – vieux de plus de 200 ans et reconstruit – constitue le cadre de cet événement. L'imposante tour de l'église Sainte Marie se voit de loin.

19

Müritz-Nationalpark
Müritz National Park / Le parc national de la Müritz

◀ DER MÜRITZ-NATIONALPARK ist mit 322 Quadrat-kilometern der größte Binnennationalpark Deutschlands. Zehn Kilometer davon grenzen an das Ostufer der Müritz, zu dem Boote eine Distanz von 500 Metern einhalten müssen.

Müritz National Park is Germany's largest national park, with an area of 322 square kilometers. 10 kilometers of those border the eastern shore of the Müritz, from which boats must maintain a distance of 500 meters.

Le parc national de la Müritz est avec ses 322 kilomètres carrés le parc national intérieur le plus grand d'Allemagne. 10 kilomètres plus loin pour atteindre la rive est de la Müritz, par rapport à laquelle les bateaux doivent maintenir une distance de 500 mètres.

▶ DOCH FÜHREN WASSERWEGE auch jenseits der Kernzonen durch eine atemberaubend schöne Landschaft.

Even more remote waterways lead through breathtaking scenery.

Mais il y a des voies d'eau qui nous mènent aussi plus loin que les zones intérieures en traversant un paysage beau à nous couper le souffle.

Müritz-Nationalpark

Müritz National Park / Le parc national de la Müritz

◁ ▷ DIE RENATURIERTEN MOORE sind kostbares Naturerbe und machen rund acht Prozent des Nationalparks aus. Es sind Niedermoore, deren Bestehen vom Grundwasserspiegel abhängig ist. Holzstege und Beobachtungstürme gewähren Zugang zu der sonst unzugänglichen Landschaft.

The renaturalized moorlands are a precious natural heritage and make up around eight per cent of the national park area. These low moors owe their existence to adequate groundwater levels. Wooden walkways and observation towers open up the otherwise inaccessible landscape.

Les marécages renaturés constituent un héritage naturel de valeur et représentent huit pour cents du parc national. Ce sont des marécages inférieurs dont l'existence dépend du niveau de la nappe phréatique. Des passerelles de bois et des tours d'observation permettent d'atteindre le paysage qui resterait autrement inaccessible.

▷ DIE HISTORISCHE KULTURLANDSCHAFT BEIM MÜRITZHOF wird durch ökologische Bewirtschaftung mit Schafen gepflegt.

The historical cultivated landscape at Müritzhof is managed using ecological sheep farming methods.

Le paysage historico-culturel près du Müritzhof est soutenu par une économie écologique d'élevage de moutons.

3. 19 'Maske des Agamemnon'; Inv.Nr. I 27
Aus dem V. Schachtgrab von Mykene
Späthelladisch IB

Schliemann-Museum
Schliemann Museum / Le musée Schliemann

◀ DIE »TOTENMASKE DES AGAMEMNON« (links oben) war einer der berühmten Funde Schliemanns; das Original befindet sich in Athen. Das trojanische Pferd (links unten) dient als Kinderrutschbahn.

Agamemnon's death mask (top left) was one of the most famous finds; the original is in Athens. The Trojan horse (bottom) is a children's slide.

« Le masque mortuaire d'Agamemnon » fut une célèbre découverte ; l'original se trouve à Athènes. Le cheval de Troie (en bas à gauche) sert de toboggan aux enfants.

▶ HEINRICH SCHLIEMANN, der Entdecker Trojas, verbrachte seine Kindheit in dem kleinen Dorf Ankershagen in einem heute denkmalgeschützten Fachwerkhaus, das seit 1980 das Schliemann-Museum beherbergt.

Heinrich Schliemann, who discovered Troy, spent his childhood in a half-timbered house in the little village of Ankershagen which has housed the Schliemann Museum since 1980.

Heinrich Schliemann, le découvreur de Troie, a passé son enfance dans le petit village de Ankershagen, dans une maison à colombages classée monument historique qui abrite depuis 1980 le musée Schliemann.

Müritz

At Müritz / La Müritz

◁ Röbel ist beliebtes Ziel für Ausflüge mit dem Fahrgastschiff über die Müritz. Der Erholungsort bietet Ruhe und Kleinstadtromantik.

Röbel is a popular excursion destination for cruises on the Müritz, offering tranquillity and a romantic small-town atmosphere.

Röbel est un but d'excursions en bateau apprécié des passagers sur la Müritz. Ce lieu de détente offre du calme et un romantisme digne d'une petite ville.

▷ Vom Stadthafen zur Marienkirche sind es nur wenige Schritte. Diese wurde im ersten Drittel des 13. Jahrhunderts erbaut; das schöne Kreuzrippen- und Sterngewölbe ist sehenswert. Erst 1849–51 entstand der 58 Meter hohe neugotische Turm.

St. Mary's Church is only a few steps from the harbor. Built in the first third of the 13th century, it has beautiful ribbed and star vaulting. The 58-meter neo-Gothic tower was not built until 1849–51.

Du port de la ville à la Marienkirche, il n'y a que quelques pas. Elle fut érigée pendant le premier quart du 13e siècle, sa voûte étoilée et ses ogives valent le détour. C'est seulement en 1849–51 que fut érigée la tour néogothique d'une hauteur de 58 mètres.

Plauer See
At Lake Plau / Le lac de Plau

◀ Im Tal der Eisvögel, an der Südspitze des Plauer Sees, findet der exotisch anmutende Vogel mit den eisblauen Rückenfedern noch reichlich Nahrung und ein gutes Brutrevier. So wie der Mensch liebt auch der Eisvogel glasklares Wasser.

Kingfisher Valley, at the southern tip of Plauer See, provides plentiful food and undisturbed breeding-grounds for these birds, with their exotic appearance and brilliant blue plumage. Kingfishers, like people, love crystal-clear water.

L'oiseau au charme exotique avec ses plumes sur le dos bleues comme de la glace trouve encore assez de nourriture et un bon endroit pour couver dans la vallées des martins-pêcheurs , à la pointe sud du Plauer See. Comme l'homme, le martin-pêcheur aime l'eau claire.

▶ Plau, eine typische mecklenburgische Kleinstadt am Westrand des Plauer Sees, dehnt sich entlang der Elde aus.

Plau is a typical Mecklenburg town on the western shore of Plauer See and the River Elde.

Plau, une petite ville typique du Mecklembourg sur la rive occidentale du Plauer See, s'étend aussi le long de la Elde.

Plauer See

At Lake Plau / Le lac de Plau

◀ DAS BLAUE WUNDER von Plau passieren die Schiffe noch heute. Die denkmalgeschützte gusseiserne Hubbrücke aus dem Jahr 1916 hebt sich bei Bedarf bis zu 1,86 Meter hoch.

The "Blue Miracle" at Plau is still a shipping route today. Built in 1916, the heritage-protected cast-iron liftbridge can be raised by up to 1.86 meters when required.

Encore aujourd'hui, les bateaux passent devant la merveille bleue de Plau. Le pont levant classé monument historique construit en 1916, s'ouvre au besoin jusqu'à 1,86 mètre de hauteur.

▶ DER EINSTIGE FLÖSSERORT Plau erstreckt sich entlang der Müritz-Elde-Wasserstraße, die zur Mecklenburgischen Seenplatte führt, auch zum Plauer See, Mecklenburg-Vorpommerns drittgrößtem See.

Once a rafting point, Plau extends along the Müritz-Elde waterway leading to the Mecklenburg Lake District and to Plauer See, Mecklenburg-Vorpommern's third largest lake.

L'ancien lieu de flottage s'étend le long de la voie d'eau de la Müritz-Elde – qui mène au plateau des lacs du Mecklembourg, également au Plauer See, – et est le troisième plus grand lac du Land de Mecklembourg-Poméranie occidentale.

Kölpinsee und Damerower Werder
Kölpinsee and Damerower Werder
Kölpinsee et Damerower Werder

◀ DER KÖLPINSEE ist mit 20 Quadratkilometern der siebtgrößte See der Mecklenburgischen Seenplatte.

Kölpinsee, 20 square meters in area, is the seventh largest lake in the Mecklenburg Lake District.

Le Kölpinsee est avec 20 kilomètres carrés le septième plus grand lac du plateau des lacs du Mecklembourg.

▶ IM NATURSCHUTZGEBIET DAMEROWER WERDER, am nordwestlichen Ufer, haben etwa 30 Wisente auf einem 320 Hektar großen Gelände ihre Heimat gefunden. Manchmal kann man sie in der Dämmerung vom Wasser aus beobachten, besser lassen sich die zottigen Rinder beim Schaufüttern bewundern.

Damerower Werder nature reserve, on the lake's north-western shores, is home to around 30 bison in a 320-hectare enclosure. The shaggy beasts can occasionally be spotted at twilight from the water but can be seen more easily at feeding time.

Dans le parc protégé du Damerower Werder, sur la rive au nord-ouest, se sont installés environ 30 bisons sur une surface de 320 hectares. On peut en étant sur l'eau les observer quelquefois au crépuscule. Il vaut mieux observer les bovides velus quand on les nourrit.

Ferien im Land Fleesensee
Vacationing at Land Fleesensee
Vacances dans la région du Fleesensee

◀ DAS LAND FLEESENSEE ist eine der größten Frei-
zeitanlagen Nordeuropas. Im Jahr 2000 eröffnete
der damalige Bundeskanzler Gerhard Schröder das
über 550 Hektar große Feriendomizil. Mit Dorfhotel,
Robinson Club, Golf- und Reitsportanlagen sowie einer der größten Wellnessoasen des Landes erfüllt es
inmitten idyllischer Landschaft ganz unterschiedliche
Erwartungen an einen idealen Urlaub.

*Land Fleesensee is among Northern Europe's largest
leisure complexes, opened in 2000 by Germany's then
chancellor Gerhard Schröder. Over 550 hectares in area,
the complex includes a village hotel, Robinson Club,
golfing and horseback riding, as well as one of the country's largest spa facilities set amid idyllic countryside –
providing ideal vacations for a wide range of tastes.*

*La région du Fleesensee est un des plus grands parcs de
loisirs du Nord de l'Europe. En 2000, le chancelier fédé-
ral Gerhard Schröder a inauguré ce lieu de vacances qui
s'étend sur plus de 55 hectares. Avec un hôtel au village,
un Club Robinson, des installations de golf et d'équita-
tion ainsi qu'une des plus grandes oasis de wellness de la
région au milieu d'un paysage idyllique, elle satisfait aux
attentes très diverses de vacances idéales.*

Fleesensee

At Lake Fleesen / Le lac de Fleesen

◀ DER RELATIV FLACHE FLEESENSEE ist ein Badeparadies und gilt auch unter Surfern als gutes Revier. Segeljachten, Hausboote und Kanus kreuzen das Gewässer zwischen dem Plauer und dem Kölpinsee. Hügel rahmen die Ufer im Norden und Süden ein.

Relative shallow, Fleesensee is a swimmers' paradise and also popular with surfers. Yachts, houseboats and canoes criss-cross the lake between Plauer See and Kölpinsee, its northern and southern shores framed by rolling hills.

Le lac de Fleesensee relativement plat est un paradis pour les baigneurs et passe parmi les surfers pour un bon endroit. Des yachts à voile, des maisons-bateaux et des canoës naviguent entre le Plauer See et le Kölpinsee. Des collines entourent les rives au nord et au sud.

▶ DAS NEOBAROCKE SCHLOSS FLEESENSEE am südöstlichen Ufer bietet inmitten praller Ländlichkeit feines Logis.

Neo-Baroque Fleesensee Castle on the south-eastern shore offers superior accommodation in a beautiful setting.

Le château néobaroque de Fleesensee sur la rive au sud est offre un logis de choix au milieu d'une véritable atmosphère rurale.

Klosterkirche in Malchow
Church at Malchow / L'église du cloître à Malchow

◀ DIE KLOSTERKIRCHE steht hoch über dem Malchower See, einer Ausbuchtung des Fleesensees, und bildet so eine der schönsten mecklenburgischen Ufersilhouetten. Nach einem Brand im Vorgängerbau wurde die Kirche 1888 nach den Plänen Georg Daniels im neogotischen Stil erbaut. Als erstes deutsches Orgelmuseum besitzt sie mehr Klangkörper als jedes andere Gotteshaus.

The monastery church stands high over Malchower See, an offshoot of Fleesensee, creating one of the most beautiful skylines in Mecklenburg. After its predecessor was destroyed by fire, the neo-Gothic church was built in 1888 to plans by Georg Daniel. As Germany's first organ museum, it has more instruments than any other church.

L'église du cloître surplombe le lac de Malchow une baie du Fleesensee et profile une des plus belles silhouettes des rives du Mecklembourg. Après un incendie l'église a été reconstruite en 1888 selon les plans de Georg Daniel dans un style néogothique. En tant que premier musée organiste d'Allemagne, elle possède plus d'argues que n'importe quel autre édifice religieux.

Mirower See
At Lake Mirow / Le lac de Mirow

◀ MIROW, die alte Residenzstadt im Südosten des Mirower Sees, ist Drehscheibe zwischen dem Kleinseengebiet der Mecklenburgischen Seenplatte im Süden und den großen Seen im Norden.

Mirow, the old princely residence to the south-east of Mirower See, is the hub between the Mecklenburg Lake District in the south and the great lakes in the north.

Mirow l'ancienne ville-résidence au sud est du Mirower See est la plaque tournante entre le domaine des petits lacs du plateau des lacs du Mecklembourg au sud, et les grands lacs au nord.

▶ DER MIROWER KANAL (Müritz-Havel-Kanal) zweigt nur wenige Hundert Meter vom Südufer entfernt ab und verbindet die Müritz mit den Seen im Mirower Gebiet.

Mirow Canal (Müritz-Havel Canal) leads off the Müritz only a few hundred meters from the southern shore and links it with the lakes around Mirow.

Le canal de Mirow (Canal Müritz-Havel) se dédouble seulement de quelques mètres de la rive sud et relie la Müritz aux lacs de la région autour de la ville de Mirow.

Ferien im Bootshaus
Boathouse holidays
Vacances dans la maison-bateau

◀ Bei Mirow, südöstlich der Müritz, beginnt das Kleinseengebiet. Es führt mit einem Labyrinth von Seen, Flussläufen und Wasserwegen bis ins Brandenburgische. Wie am Mirower Ufer logieren Urlauber gern mitsamt Boot unter reetgedecktem Dach und lauschen dem Plätschern des Wassers.

Mirow, south-east of the Müritz, is the gateway to the "small lakes," where a labyrinth of lakes, rivers and waterways leads into the Brandenburg region. As at Mirow, sailing vacationers and their craft can stay under thatched roofs, lulled by the rippling waters.

Près de Mirow, au sud-est de Müritz, commence la région des petits lacs. Elle mène jusque dans le Brandebourg en suivant un labyrinthe de lacs, de lits de fleuves et de voies d'eaux. Comme sur les rives du Mirower See, les vacanciers habitent volontiers dans des bateaux même sous un toit de chaume et écoutent le clapotis de l'eau.

Zierker See

At Lake Zierker / Le lac de Zierker

◀ **Die Neustrelitzer Schlosskirche**, eine kreuzförmige, einschiffige Saalkirche, 1855–1859 erbaut, zählt zu den schönsten Bauwerken des Architekten Friedrich Wilhelm Buttel. Der Schüler Karl Friedrich Schinkels prägte mit seinem klassizistischen Baustil das architektonische Bild der einstigen Residenzstadt.

Neustrelitz Castle Church, a cruciform single-nave hall church built in 1855–1859, is among the finest works of architect Friedrich Wilhelm Buttel. A pupil of Karl Friedrich Schinkel, he designed classical architecture that shaped the appearance of this former ducal residence.

L'église du château de Neustrelitz, un église en forme de croix, à nef unique, construite entre 1855–1859, passe pour un des plus beaux édifices réalisés par l'architecte Friedrich Wilhelm Buttel. L'élève de Karl Friedrich Schinkel impose avec son style classique l'image architecturale de l'ancienne ville-résidence.

▶ **Das Landestheater in Neustrelitz** am Rande des Schlossparks wurde 1945 erbaut.

The State Theater on the perimeter of the castle grounds, was built in 1945.

Le Landestheater à la lisière du Schlosspark fut construit en 1945.

Wenn die Sonne im Zierker See versinkt
Sunset over Zierker See
Lorsque le soleil se couche dans le Zierker See

▷ DER ZIERKER SEE gehört mit 380 Hektar zu den größeren Gewässern der mecklenburgischen Kleinseenplatte. Man kann versonnen an seinen Ufern verweilen oder ihn gemütlich in einer Stunde umradeln. Der flache Muldensee ist zum Baden nicht geeignet, doch tummeln sich bis Sonnenuntergang auch hier Sportboote und Jachten.

Zierker See is among Mecklenburg's largest lakes and 380 hectares in area. Its shores are perfect for lazy summer afternoons or for a leisurely one-hour cycle tour around the lake. The shallow lake is unsuitable for bathing but thronged with sports boats and yachts until sunset.

Le Zierker See compte avec ses 380 hectares aux pièces d'eau les plus grandes du petit plateau des lacs du Mecklembourg. On peut rester sur ses rives au soleil ou bien en faire en toute détente le tour à vélo en une heure. Le lac plat du Muldensee n'est pas propice à la baignade mais les bateaux de sport et les yachts s'en donnent à cœur joie jusqu'au coucher du soleil.

Feldberger Seenlandschaft
Feldberg Lakes / Paysage de lacs autour de Feldberg

◀ DAS FALLADA-HAUS ist heute Museum. 1933 erwarb der Schriftsteller Rudolf Dietzen, alias Hans Fallada, das Haus in Carwitz, auf einem Bergrücken zwischen Carwitzer See, Dreetz und Schmalem Luzin.

Fallada's House, today a museum, was purchased by writer Rudolf Dietzen alias Hans Fallada in 1933. The house at Carwitz is perched on a ridge between Carwitzer See, Dreetz and Schmaler Luzin.

La maison de Hans Fallada est de nos jours un musée. L'écrivain Rudolf Dietzen alias Hans Fallada, acheta en 1933 la maison à Carwitz sur le versant d'une montagne entre le Carwitzer See, Dreetz et le lac Schmaler Luzin.

▶ DER SCHMALE LUZIN, etwa sieben Kilometer lang und nur maximal 300 Meter breit, gehört zu den klarsten Gewässern in Mecklenburg-Vorpommern.

Schmaler Luzin, around 7 kilometers long but only 300 meters wide, has some of the clearest waters in all of Mecklenburg-Vorpommern.

Le Schmale Luzin environ 7 kilomètres de long et jusqu'à 300 mètres de large appartient aux eaux les moins polluées du Mecklembourg-Poméranie occidentale.

Wasser, so weit das Auge schaut
Water as far as the eye can see
De l'eau aussi loin que porte le regard

◀ 69 GEWÄSSER mit einer Größe von mehr als einem Hektar werden im Naturpark Feldberger Seenlandschaft gezählt. Glasklare Seen, in denen sich noch Maränen und Fischotter tummeln.
Sportmotorboote sind nur auf dem Feldberger Haussee und auf dem Breiten Luzin erlaubt, der mit gut 58 Metern der zweittiefste See in Mecklenburg ist.

69 lakes over one hectare in area, with crystal waters peopled by whitefish and otters, are part of the Feldberg Lakes Nature Park. Motor boats are only permitted on Feldberger Haussee and Breiter Luzin – the second deepest lake in Mecklenburg, at over 58 meters.

69 pièces d'eau d'une superficie de plus d'un hectare sont répertoriées dans le parc naturel du paysage des lacs de Feldberg. Des lacs d'une eau pure où des marènes et des loutres s'ébattent. Des bateaux à moteur sont seulement autorisés sur le Feldberger See et sur le lac Breiter Luzin qui est, avec 58 bons mètres de profondeur, le second lac par sa profondeur du Mecklembourg.

Neubrandenburg am Tollensesee
Neubrandenburg at Tollensesee
Neubrandenburg sur le Tollensesee

◁ EINE MITTELALTERLICHE STADTMAUER umschließt
Neubrandenburg. Die Wiekhäuser sind eine ganz
besondere Zierde dieser Befestigung. 25 von einst 56
der Mauerhäuschen sind erhalten und dienen heute
als Wohnung, Boutique oder Café.

*Medieval town walls still encircle Neubrandenburg. The
"watchhouses" built into the walls are a unique feature;
25 of the original 56 are preserved and today serve as
residences, boutiques or cafes.*

*Une muraille entoure la ville de Neubrandenbourg. Les
maisons qui constituent cette enceinte sont une décoration particulière de cette fortification. 25 de 26 maison-
nettes originales ont été conservées et transformées en
logement, en boutique ou café.*

▷ DIE MARIENKIRCHE, 1945 bis auf die Außen-
mauern zerstört, ist 2001 als Konzertkirche aus
den Ruinen wieder auferstanden.

*St Mary's Church, a shell in 1945 but restored in 2001
as a concert venue.*

*Totalement détruite en 1945, la Marienkirche a été
transformée en 2001 en une église pour les concerts.*

Neubrandenburg am Tollensesee
Neubrandenburg at Tollensesee
Neubrandenburg sur le Tollensesee

◀ **DAS VORTOR DES STARGARDER TORES** ist prunkvoll mit Fialen, Rosetten, Ziergiebel, Blenden und Friesen geschmückt.

The foregate of Stargarder Gate is lavishly decorated with pinnacles, rosettes, ornamental gables, panels and friezes.

La première porte du Stargarder Tor est richement décorée de clochetons, rosaces, pignons décoratifs, de bandeaux ainsi que de frises.

▷ **AUCH DAS TREPTOWER TOR**, Sitz des Stadtmuseums, ist ein herausragendes Beispiel norddeutscher Backsteingotik. Der Torturm (um 1400) trägt ungewöhnlich große Blenden. Die Stadttore haben Neubrandenburg weit über regionale Grenzen hinaus bekannt gemacht.

Treptower Gate, home of the town museum, is also an outstanding example of Northern German red-brick Gothic. Striking large panels ornament its tower (around 1400). The town gates have brought Neubrandenburg wider fame.

Egalement le Treptower Tor, siège du musée de la ville est un exemple exceptionnel de gotique de briques du Nord de l'Allemagne. La tour de la porte (vers 1400) est décorée de bandeaux d'une taille inhabituelle. Les portes de la ville ont fait connaître Neubrandenbourg au-delà même de ses frontières.

Tollensesee –
ein eiszeitlicher Rinnensee
Tollensesee – an Ice Age finger lake
Tollensesee – un lac de la période glaciaire

◀ DER TOLLENSESEE, zehn Kilometer lang und maximal drei Kilometer breit, ist in ein von der Eiszeit geformtes Tal gebettet. Schon um 1830 fanden hier die ersten »Lustfahrten« mit dem herzoglichen Segelboot statt. Heute kann man vom Anleger mit dem Fahrgastschiff »Mutter Schulten« über den See kreuzen. Täler, waldige Hügel und Felder wechseln sich am Ufer ab.

Tollensesee, ten kilometers long and a maximum of three kilometers wide, lies in a valley shaped by the Ice Age. The ducal sailing ship embarked on the first "pleasure cruises" here as early as 1830. Today the cruise ship "Mutter Schulten" carries visitors over the lake. The banks are fringed with valleys, forested hills and fields.

Le Tollensesee d'une longueur de 10 kilomètres et d'une largeur maximale de trois kilomètres a son lit dans une vallée creusée pendant la période glaciaire. Déjà en 1830, avaient lieu ici les premières « croisières de plaisance » sur le voilier ducal. Aujourd'hui, on peut à partir de l'embarcadère faire des croisières sur le lac à bord du « Mutter Schulten », bateau de plaisance. Des vallées, des collines boisées et des champs se succèdent sur les rives.

Malchiner See – Paddelparadies

Malchiner See – Paddlers' paradise

Malchiner See – paradis pour les amateurs de canoë

▶ DER MALCHINER SEE erstreckt sich über acht Kilometer mitten im Naturpark Mecklenburgische Schweiz. Schilfgürtel, Wiesen und Wälder umgeben den See, der von der Westpeene gespeist wird. Fischotter, Biber und Kranich fühlen sich im durchschnittlich nur zwei Meter tiefen Wasser ebenso wohl wie Paddler. Und Angler schätzen seinen Fischreichtum.

Malchiner See extends over eight kilometers of the Mecklenburgische Schweiz Nature Park. Fed by the River Westpeene, the lake is encircled by reed beds, meadows and forests. Otters, beavers and cranes are as happy in the shallow water – a mere two meters deep on average – as rowers and canoeists, and anglers appreciate the teeming fish.

Le Malchiner See s'étend sur huit kilomètres au milieu du parc naturel de la Suisse mecklembourgeoise. Des ceintures de roseaux, des prairies et des forêts entourent le lac qui est alimenté par le fleuve Westpeene. Des loutres, des castors et des grues se sentent bien dans une eau d'environ 2 mètres de profondeur aussi bien que des amateurs de canoë. Et les pêcheurs apprécient sa richesse en poissons.

Malchiner See
At Lake Malchin / Le lac de Malchin

◀ SCHLOSS ULRICHSHUSEN, heute ein feines Land-hotel und Spielstätte der hiesigen Musikfestspiele, wurde vom Freiherren Helmuth von Maltzahn, einem Nachfahren der Erbauer des Schlosses, nach historischen Vorlagen wieder aufgebaut.

Ulrichshusen Castle, today an elegant country hotel and center of a music festival, was rebuilt to historical plans by Baron Helmuth von Maltzahn, a descendant of the original builder.

Le château d'Ulrichshusen aujourd'hui un grand hôtel de campagne et lieu d'un festival de musique a été reconstruit selon des bases historiques par le baron Helmuth von Maltzahn, un descendant du con-structeur du château.

▶ BURG SCHLITZ bei Hohen Demzin, eine der bedeutendsten Schlossanlagen Mecklenburgs, ist heute ein exklusives Schlosshotel.

Schlitz Castle at Hoher Demzin is among Mecklen-burg's most important castles and today an exclusive hotel.

La forteresse de Schlitz près de Hohen Demzin, une des châteaux les plus importants du Mecklembourg est de nos jours un hôtel exclusif.

Schloss Basedow
Basedow Castle / Le château de Basedow

▷ **DER PARK VON BASEDOW** war eine der ersten großen Gartenschöpfungen Peter Joseph Lennés in Mecklenburg. Das Schloss, einst eine Ritterburg der Familie von Hahn, weist Stileinflüsse vom 16. bis zum 19. Jahrhundert auf. Ab 1839 ließen die von Hahns das Herrenhaus, das Dorf und die Wirtschaftsgebäude durch Friedrich August Stüler neu gestalten.

Basedow Castle Park was one of the first great gardens in Mecklenburg, designed by Peter Joseph Lenné. Once a knight's castle owned by the von Hahn family, Basedow combines architectural elements from the 16th to 19th centuries. The family commissioned Friedrich August Stüler to redesign the manor, village and farm buildings from 1839.

Le parc de Basedow fut une des premières grandes créations horticoles de Peter Joseph Lenné dans le Mecklembourg. Le château, anciennement forteresse de la famille von Hahn comporte des éléments de style du 16e au 19e siècles. A partir de 1839, la famille Hahn fit reconstruire dans un nouveau style la maison familiale, le village et le bâtiment de l'auberge par Friedrich August Stüler.

64

Kummerower See

At Kummerower See / Le lac de Kummerow

◀ Die ältesten Eichen Mecklenburgs stehen in Ivenack, südöstlich vom Kummerower See, dem viertgrößten See des Landes.

The oldest oak trees in all Mecklenburg can be found at Ivenack, south-east of Kummerower See – the fourth largest in the region.

Les plus anciens chênes du Mecklembourg se trouvent à Ivenack, au sud-est du Kummerower See, le quatrième plus grand lac du Land.

▶ Auch Fritz Reuter (1810–1874), der bedeutende niederdeutsche Dichter, schwärmte einst von den 1000-jährigen Eichen. Als bronzene Statue sitzt er heute vor dem Fritz-Reuter-Literaturmuseum, seinem einstigen Elternhaus in Stavenhagen.

Fritz Reuter (1810–1874), the major poet of Lower Germany also praised the 1000-year-old oaks. Immortalized in bronze, he now marks the Fritz-Reuter Literature Museum at his parents' former house at Stavenhagen.

Même Fritz Reuter (1810–1874), le célèbre poète de bas allemand s'enthousiasmait déjà pour les chênes millénaires. Il trône sous les traits d'une statue de bronze devant le musée littéraire Fritz Reuter, son ancienne demeure à Stavenhagen.

Krakower See – Uferpromenade
Krakower See – lakeside promenade
Krakower See – la promenade du lac

◀ **AM UFER** des buchtenreichen Krakower Sees weht die Blaue Flagge für beste Badewasserqualität. Hier gedeihen auch die Fische.

The banks of Krakower See, with its plentiful bays and inlets, fly the Blue Flag announcing outstanding water quality. Fish also thrive here.

Sur la rive du Krakower See qui abrite de nombreuses baies, flotte le drapeau bleu qui indique une excellente qualité d'eau de bain. Les poissons vivent également ici.

▶ **IN DEN HÄLTERBECKEN** unter dem Rohrdach des Fischerhüden an der Uferpromenade, eines denkmalgeschützten Fischereigebäudes von 1936, zappeln Aale und Karpfen. Im Restaurant nebenan kommen sie fangfrisch auf den Tisch.

The pens under the thatched roof of the heritage-preserved fishing hut from 1936 contain eel and carp, destined for the tables in the next-door restaurant.

Dans les viviers, sous le toit de roseau de la baraque de pêcheurs, classée monument historique datant de 1936, sur la promenade en bord de lac, frétillent des anguilles et des carpes. Elles arrivent directement dans nos assiettes du restaurant à côté.

Goldberger See – Wintervergnügen
Goldberger See – winter pleasures
Goldberger See – plaisir hivernal

◀ AUCH EISSEGLER schätzen den Goldberger See und tragen mit ihren eleganten Segel-Schlitten Wettkämpfe aus. Im Jahr 2002 fanden hier die Weltmeisterschaften im Eissegeln statt. Der Goldberger See am Rand des Naturparks Nossentiner-Schwinzer Heide ist Teil des rund 540 Quadratkilometer großen Naturparks Sternberger Seenland.

Ice-surfers also appreciate Goldberger See, racing there with their elegant ice boards. The ice surfing world championships were held here in 2002. Goldberger See, on the perimeter of Nossentiner-Schwinzer Heide Nature Park, is part of the 540-square-kilometer Sternberg Lake District Nature Park.

Egalement les yachtmen sur glace apprécient le Goldberger See et se livrent à des compétions sur leurs élégants « patins à voile ». En 2002, ont eu lieu ici les championnats du monde de yachting sur glace. Le Goldberger See à la lisière du parc national de Nossentiner-Schwinzer Heide constitue une partie du grand parc national Sternberger Seenland d'une superficie de 540 kilomètres carrés.

Drevitzer See und Dobbertiner See
Drevitzer See and Dobbertiner See
Drevitzer See et Dobbertiner See

◀ **AM DREVITZER SEE** wird das uralte Handwerk des Teerschwelens mit einem originalgetreuen Nachbau am Leben erhalten. Das Teerschwelergehöft ist produzierendes Museum, in dem man auch Teerseife kaufen kann.

Drevitzer See is still home to the ancient craft of wood-tar production, with an oven built to original plans. The wood-tar maker's croft is a museum that produces goods including tar soap.

Sur le Drevitzer See, a été conservée l'ancienne usine de goudronnerie grâce à une reconstruction très fidèle à l'original. Les fourneaux de la goudronnerie constituent un musée encore en production où on peut aussi acheter du savon de goudron.

▶ **AUF DEM DOBBERTINER SEE** sind Motorboote nicht erlaubt. Tiefe Ruhe breitet sich auch im Klosterdorf am Ufer des Sees aus.

Motorboats are prohibited on Dobbertiner See. The monastery village on the lakeshore is also a haven of tranquillity.

Sur le Dobbertiner See les bateaux à moteur sont interdits. Un grand calme règne aussi dans le village du cloître au bord du lac.

Güstrow

At Güstrow / La ville de Güstrow

◀ **DER DOM**, 1226 von Fürst Heinrich Borwin II. gestiftet, ist das älteste Bauwerk Güstrows. Die reiche Ausstattung spiegelt 600 Jahre sakrale Kunst in Mecklenburg wider.

The cathedral, founded in 1226 by Prince Heinrich Borwin II, is the oldest building in Güstrow. Its opulent interior reflects 600 years of religious art in Mecklenburg.

Le prince Heinrich Borwin II en 1226 fit don de la cathédrale. C'est la construction la plus ancienne de Güstrow. La riche décoration reflète 600 ans d'art sacré du Mecklembourg.

▶ **IN DER DOMKAPELLE** schwebt seit 1953 wieder der Bronzeengel, eines der bekanntesten Werke Ernst Barlachs (1870–1939). Es ist ein Drittguß. Das Original wurde 1937 aus dem Dom entfernt und eingeschmolzen.

The cathedral chapel has housed this bronze angel since 1953. One of the best-known works by Ernst Barlach (1870–1939), it is a third casting; the original was removed from the cathedral in 1937 and melted down.

Dans la chapelle de la cathédrale est suspendu depuis 1953 l'ange de bronze, une des œuvres les plus connues d'Ernst Barlach (1870–1939). Il s'agit d'une troisième fonte. L'original a été enlevé de la cathédrale et fut fondu.

Güstrow
At Güstrow / La ville de Güstrow

◀ DER INSELSEE, etwa fünf Kilometer lang, einen Kilometer breit und 15 Meter tief, liegt südlich der Stadt. Eine Insel in seiner Mitte, die mit einer Brücke zum Festland Verbindung hält, teilt ihn in eine Ost- und eine Westhälfte. Am See, der vor allem den Güstrowern als Naherholungsgebiet dient, stehen viele Ferienhäuser.

Inselsee, around five kilometers long, one kilometer wide and 15 meters deep, lies to the south. The central island in the lake's German name divides it into east and west and is linked to the mainland by a bridge. Holiday homes fringe the lake – a leisure magnet for Güstrow's inhabitants.

Le Inselsee d'environ cinq kilomètres de long, un kilomètre de large et quinze mètres de profondeur est situé au sud de la ville. Une île en son centre qui est rattachée à la terre ferme par un pont, le partage en deux parties : une à l'ouest et une à l'est. De nombreuses maisons de vacances bordent le lac qui sert surtout de lieu de plaisance proche aux habitants de Güstrow.

Güstrow
At Güstrow / La ville de Güstrow

◀ DER MARKTPLATZ mit seinen prachtvollen Bürgerhäusern, die alle nach dem großen Stadtbrand von 1503 entstanden, zählt in seiner baulichen Geschlossenheit zu den schönsten im Land.

The market square, with its cohesive ensemble of magnificent townhouses all built after a great fire in 1503, is among the region's most beautiful.

La place du marché, avec ses magnifiques maisons bourgeoises qui virent toutes le jour après le grand incendie de 1503 compte parmi les plus belles du Land de par son ensemble architectural.

▶ DAS GÜSTROWER SCHLOSS, heute Museum, ist das größte noch erhaltene Renaissanceschloss Mecklenburgs und einer der bedeutendsten Bauten dieser Zeit in Norddeutschland.

Güstrow Castle, today a museum, is the largest Renaissance castle in existence in Mecklenburg and one of North Germany's most important buildings from the period.

Le château de Güstrow aujourd'hui un musée, est le plus grand château Renaissance du Mecklembourg encore debout et une des constructions les plus significatives de cette époque en Allemagne du Nord.

Winter am Sternberger See
Winter at Sternberger See
Hiver sur le Sternberger See

◀ Der Grosse Sternberger See gab dem ihn umgebenden rund 540 Quadratkilometer großen Naturpark seinen Namen. Eingebettet in hügelige Landschaft liegen stille Dörfer und kleine Städte. Schilf umrahmt an vielen Stellen den drei Quadratkilometer großen See, dessen Fischreichtum die Angler anlockt.

Great Sternberger See gave its name to the 540-square-kilometer nature park in which it lies. Tranquil villages and small towns nestle amid rolling hills. Reeds surround much of the lake, three square kilometers in area, with plentiful fish stocks to attract anglers.

Le grand Sternberger See a donné son nom au grand parc naturel d'environ 540 kilomètres carrés qui l'entoure. Encadré par un paysage de collines qui abrite aussi des villages paisibles et des petites villes. Des roseaux entourent à de nombreux endroits le lac grand de trois kilomètres carrés, dont la richesse en poissons attire les pêcheurs.

Die Burg der alten Slawen
Castle of the Ancient Slavs
La forteresse des anciens Slaves

▷ AM GROSS RADENER SEE ist ein altslawischer Tempelort wieder auferstanden. Das Freilichtmuseum zeigt auf einer Fläche von 7000 Quadratmetern, wie die Nordwestslawen vom 7. bis 12. Jahrhundert in Mecklenburg lebten. Bohlenwege, Blockhäuser, Flechtwand, Ringwall und Tempel, in Resten gefunden, wurden im Maßstab 1:1 rekonstruiert.

At Great Radener See an ancient Slavic temple has been resurrected. The open-air museum, 7000 square kilometers in area, displays the life of the north-western Slavs in Mecklenburg from the 7th to 12th centuries. Remains of wooden walkways, log cabins, wattle-and-daub walls, ring walls and temples have been reconstructed in original size.

Sur le grand Radener See a ressuscité un ancien lieu de temple venant des anciens Slaves. Le musée en plein air montre sur une superficie de 7000 kilomètres carrés le mode de vie des Slaves du nord ouest qui vivaient entre le 7e et le 12e siècles dans le Mecklembourg. Des passerelles en planches, des parois tressées, des cabanes en rondins, des murs d'enceinte et des temples en ruines furent reconstruits à une échelle 1:1.

Schwerin

At Schwerin / La ville de Schwerin

◀ DAS SCHWERINER SCHLOSS auf einer Insel im Schweriner See gilt als einer der bedeutendsten Historismusbauten Europas. Die ältesten Teile stammen aus dem 15. und 16. Jahrhundert, seine wesentliche Gestalt aber erhielt das Schloss im 19. Jahrhundert.

Schwerin Castle, on an island in Schweriner See, is one of Europe's most important buildings in the historicist style. Although its oldest parts date from the 15th and 16th centuries, its main architectural influence is the 19th century.

Le château de Schwerin sur une île sur le Schweriner See passe pour être une des constructions historiques les plus significatives en Europe. Les parties les plus anciennes datent du 15e et du 16e siècle. Mais c'est le 19e siècle qui donna au château sa forme principale.

▶ IM PRACHTVOLLEN THRONSAAL steht der mit reichem Schnitzwerk verzierte Thronsessel aus vergoldetem Lindenholz.

The magnificent throne room with its throne of opulently carved gilded limewood.

Dans la luxueuse salle du trône se trouve le trône, richement sculpté, en bois de tilleul doré.

Schweriner See – Dorado für Wassersportler und Wasservögel

Schweriner See – Mecca for water sports fans and water birds / Schweriner See – eldorado pour les amateurs de sports nautiques et les oiseaux d'eau

▶ **DER SCHWERINER SEE** ist Deutschlands drittgrößter Binnensee. 21 Kilometer lang und bis zu sechs Kilometer breit, kann man ihn am besten vom Anleger unterhalb des Schweriner Schlosses aus mit einem der Ausflugsschiffe erkunden. Der Gletscherzungensee ist auch ein beliebtes Segelrevier. Außerdem wurde er zum europäischen Vogelschutzgebiet erklärt.

Schweriner See is Germany's third largest inland lake. 21 kilometers long and up to 6 kilometers wide, it is best seen from the excursion ships which start from the jetty below Schwerin Castle. Formed by the tongue of a glacier, it is a popular sailing area and a designated European bird reserve.

Le Schwerin See est le troisième plus grand lac intérieur d'Allemagne. Long de 21 kilomètres et jusqu'à 6 kilomètres de large, on peut partir à sa découverte en prenant un des bateaux d'excursion, en bas du château de Schwerin. Le lac de langue glaciaire est aussi un endroit apprécié pour faire de la voile. Il a été d'autre part déclaré comme réserve pour les oiseaux d' Europe.

85

Schweriner See – Kunst am Wasser
Schweriner See – Art on the water
Schweriner See – l'art au bord de l'eau

◀ KUNST wird großgeschrieben: Viele Skulpturen etwa schmücken den Burggarten auf der Schlossinsel (oben links). Und am Schweriner Staatstheater(unten links) wurde 1753 die erste deutsche Schauspielakademie gegründet.

Art is a priority. The castle gardens on the island are rich in sculptures (top left) and the first German acting academy was founded at the Schwerin State Theater in 1753.

L'art joue ici un grand rôle. De nombreuses sculptures décorent le jardin de la forteresse sur l'île du château (en haut, à gauche). La première académie allemande de théâtre fut fondée en 1753 au théâtre de Schwerin (en bas, à gauche).

▶ DER SCHWERINER BURGGARTEN auf der Seeseite der Schlossinsel entstand im 19. Jahrhundert nach Plänen von Semper und Lenné im Stil der englischen Landschaftsgärten.

Schwerin Castle Gardens on the lake side of the castle island, were laid out in English style in the 19th century to plans by Semper und Lenné.

Le jardin de la forteresse de Schwerin sur la rive du lac de l'île du château, a été créé au 19e siècle selon les plans de Semper et de Lenné, dans le style des jardins paysagers anglais.

Der Schaalsee weit im Westen

Schaalsee – far into the west

Le Schaalsee plus à l'ouest

▶ DER SCHAALSEE ist mit 71 Metern der tiefste See Norddeutschlands und erstreckt sich als einer der größten Klarwasserseen Deutschlands über die mecklenburg-vorpommerische Grenze bis nach Schleswig-Holstein. Einst verlief hier die deutsch-deutsche Grenze. Im Jahr 2000 erhielt der Naturpark auf ostdeutscher Seite die Anerkennung als Biosphärenreservat.

Schaalsee is North Germany's deepest lake at 71 meters and one of Germany's largest freshwater lakes. It extends beyond the Mecklenburg-Vorpommern border as far as Schleswig Holstein and was once part of the border between West and East Germany. The Eastern German nature park was designated a biosphere reserve in 2000.

Le Schaalsee est, avec 71 mètres, le lac le plus profond du Nord de l'Allemagne et s'étend comme le plus grand lac d'eau douce d'Allemagne au-delà la frontière entre le Mecklembourg et la Poméranie occidentale, jusqu'au Schleswig-Holstein. Autrefois passait ici la frontière germano-allemande. En l'an 2000, le parc naturel a obtenu l'appellation de réserve de biosphère sur le côté est-allemand.

Biosphärenreservat Schaalsee

Schaalsee Biosphere Reserve

Réserve de biosphère Schaalsee

◀ Mehr als 25 000 Enten und Gänse rasten jeden Spätsommer im 302 Quadratkilometer großen Biosphärenreservat, das zu mehr als sieben Prozent von Wasser bedeckt ist. Auch Fischotter, Kranich und Seeadler fühlen sich hier wohl.

Over 25,000 ducks and geese spend the late summer here in the 302-square-kilometer biosphere reserve, over seven per cent of which is water. Otters, cranes and gray sea eagles are also at home here.

Plus de 25000 canards et oies traversent à la fin de chaque été la réserve de biosphère d'une superficie de 302 kilomètres carrés, recouverte d'eau à plus de sept pour cents. Également les loutres, les grues et les offrais se sentent bien ici.

▶ Die Grosse Maräne kann hier noch geangelt werden, der Sage nach vom Teufel ins Wasser gesetzt.

Whitefish – placed in the water by the Devil according to legend – can still be caught here.

On peut pêcher aussi la grande marène, qui, à en croire la légende, a été mise à l'eau par le diable.

▷ **STILLES GLÜCK** im Abendrot auf der Müritz.
Sunset tranquillity on the Müritz.
Bonheur tranquille au coucher du soleil sur la Müritz.

Impressum

Die Autorin: Hanne Bahra reist seit der Kindheit einmal im Jahr an die Ostsee. Seit 1991 arbeitet sie als freie Journalistin für verschiedene Journale und Tageszeitungen und berichtet über interessante Reiseziele in der ganzen Welt.

Produktmanagement: Joachim Hellmuth, Susanne Kuhl
Textlektorat: Susanne Lücking, La Nucía/Alicante, Spanien
Englische Übersetzung: Alison Moffat, München
Französische Übersetzung: Virginie Brager, Bamberg
Graphische Gestaltung: Medienfabrik, Stuttgart
Kartografie: Thomas Vogelmann, Mannheim
Repro: Cromika sas, Verona
Printed in Slovenia by Korotan, Ljubljana

Alle Angaben dieses Bandes wurden von der Autorin sorgfältig recherchiert und vom Verlag auf Stimmigkeit und Aktualität geprüft. Allerdings kann keine Haftung für die Richtigkeit der Informationen übernommen werden. Für Hinweise und Anregungen sind wir dankbar. Zuschriften an den:
Bruckmann Verlag,
Produktmanagement,
Postfach 400209,
D-80702 München
E-Mail: lektorat@bruckmann.de

Bildnachweis:

pa·picture alliance

AKG-Images GmbH, Berlin: Karte Vorsatz; Bildagentur Huber, Garmisch Partenkirchen: Umschlag Vorderseite, Umschlag Rückseite: gr., kl. o., S. 6/7, 14, 15, 19, 26, 27, 28, 29, 31, 32, 34/35, 36, 37, 38/39, 42/43, 52, 54, 56/57, 61, 62/63, 65, 66, 67, 72, 74/75, 76, 77, 82, 83, 86 (2), 87; Gerhard Launer/WFL-GmbH, Rottendorf: S. 4, 10, 21, 40, 50/51, 84/85; Picture Alliance/dpa, Frankfurt a. Main: Umschlag Rückseite: kl. o., S. 8, 13, 16 (2), 17, 18, 20, 22, 23 (2), 24 (2), 25, 30, 33, 41, 44, 45, 46/47, 48, 49, 53, 55, 58/59, 60, 64, 68/69, 70, 71, 73, 78/79, 80/81, 88, 90, 91, 92/93

Einbandfotos: Vorderseite: Röbel an der Müritz; Rückseite: Schloss Schwerin (gr.), Müritz Sail (kl. o.) Eisvogel, Plauer See (kl. u.)

Die Deutsche Nationalbibliothek verzeichnet diese Publikation in der deutschen Nationalbibliografie; detaillierte bibliografische Daten sind im Internet über http://dnb-nb.de abrufbar.

© 2010 Bruckmann Verlag GmbH, München
Alle Rechte vorbehalten
ISBN 978-3-7654-5466-0

Wunderschön
weiterlesen

ISBN 978-3-7654-4920-8

ISBN 978-3-7654-5278-9

ISBN 978-3-7654-5425-7

ISBN 978-3-7654-5514-8

ISBN 978-3-7654-5422-6

ISBN 978-3-7654-5415-8

ISBN 978-3-7654-5424-0

ISBN 978-3-7654-5411-0

Erhältlich in Ihrer Buchhandlung oder unter
www.bruckmann.de

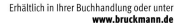  BRUCKMANN